At Home with Books

En Casa con Libros

A Family Reading Partnership Book
Un libro del Family Reading Partnership

written and illustrated by
escrito e ilustrado por

Katrina Morse

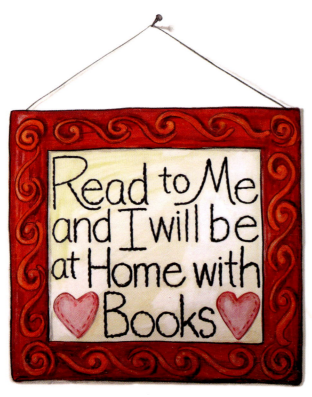

Read to Me
and I will be
at Home with
Books

**Leéme y Me Sentiré
a Gusto con los Libros**

NHSA
NATIONAL HEAD START ASSOCIATION

joins Family Reading Partnership
in promoting read-aloud as a way to give
children the best possible start
at growing up loving books and reading.

únase al Family Reading Partnership para
promover entre los niños la lectura en
voz alta como la mejor manera de crecer
amando a los libros y la lectura.

Text and illustrations copyright © 2007 by Katrina Morse
Second printing 2012, Third printing 2015
Spanish/English edition © 2016
Traducción al español por Juan Brache con agracimiento especial para
Fernando de Aragón y Patricia Eugenia Fernandez de Castro Martinez

Family Reading Partnership
54 Gunderman Rd., Ithaca, NY 14850

**Family Reading
Partnership**
www.familyreading.org

Text of this book is set in Gill Sans and Billy Regular.
Illustrations are rendered in acrylic paint and colored pencil.

ISBN-13: 978-0-9846414-8-2

Welcome to the Bear Family's home!

¡Bienvenidos al hogar de la Familia de los Osos!

Daddy reads
to my sister
and me every
single day.

Mi papá
nos lee a mi
hermana y a mí
todos los días.

As the sun comes up we read in the creaky red rocking chair, book after book.

Cuando sale el sol leemos, en la mecedora que rechina, libro tras libro.

I like to show Daddy my favorite parts of the story. "Look Daddy! This is where the brave giant finds the blue dragon!"

Me gusta enseñarle a mi papá mis partes favoritas del cuento. "¡Mira papi, aquí es donde el gigante valiente encuentra al dragón azul!"

When the giant walked to the cas

Cuando el gigante caminó al castillo, se sorpren

was surprised to see a dragon blocking the way.

er un dragón que obstruía el camino.

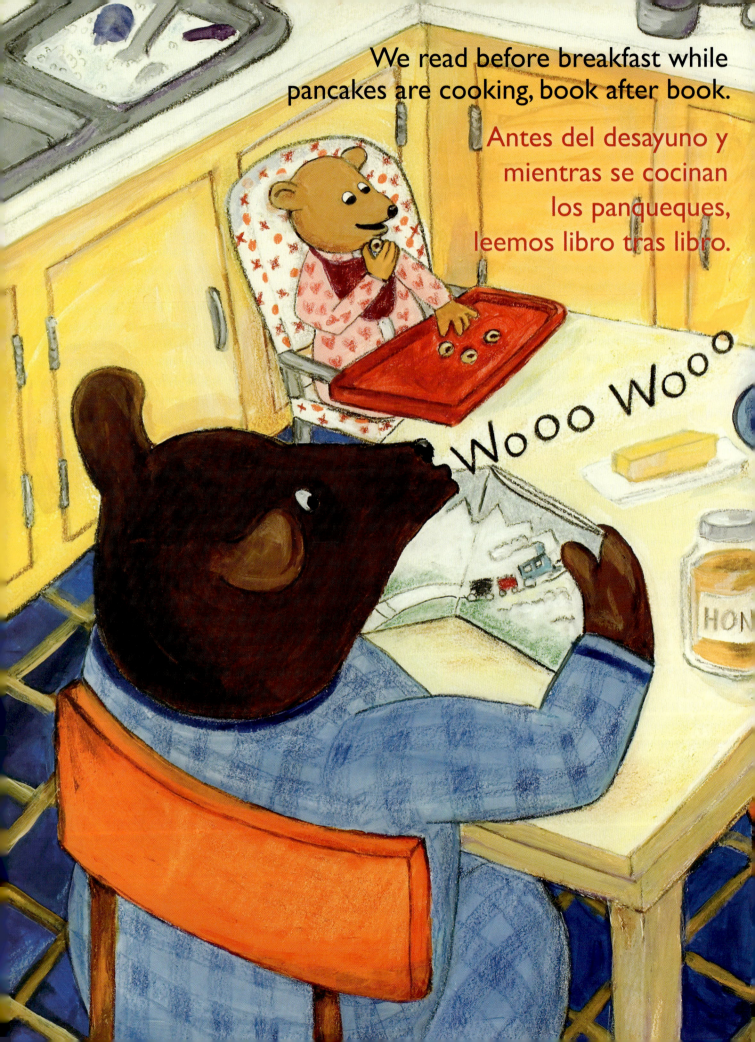

We read before breakfast while pancakes are cooking, book after book.

Antes del desayuno y mientras se cocinan los panqueques, leemos libro tras libro.

Wooo Wooo

I like it when Daddy makes all the noises in the story. In a big voice he says, "Wooo, wooo!" Then he reads, "The train chugged slowly up the rocky mountain."

Me gustan los ruidos que mi papá hace mientras lee el cuento. Con voz fuerte dice, "¡Chuuu, chuu!" Luego sigue leyendo, "¡El tren sube lentamente la montaña rocosa!"

Mommy reads to us every day, too.
We read in a bright, warm sunbeam,
book after book.

Mami también nos lee todos los días.
Leemos bajo un brillante y caluroso rayo de sol,
libro tras libro.

I pick a story about kittens because we have one of our own.

Elijo un cuento de gatitos porque tenemos uno.

r cat food
lked across the floor.

comió su comida y
aminó de un lado al
otro del piso.

Soon she was walking
right out the door.

Al poco rato estaba saliendo hacia
fuera por la puerta.

"Mommy, that looks like Patches
—even the spot on her forehead!"

¡Mami,
el gatito se
parece a Parches
—incluso en la
mancha que
tiene en la frente!

We make a big nest out of blankets
and read in it, book after book.

I like my book from the library
because it tells me new things.

Hacemos un gran nido con
nuestras frazadas y allí leemos,
libro tras libro.

Me gusta mi libro de la biblioteca
porque me enseña
cosas nuevas.

When I hear Mommy read,
"In winter, frogs sleep in mud
at the bottom of a pond,"
I want to know more.

Cuando oigo a mi mami
leer, "En el invierno,
las ranas duermen en
el lodo en el fondo del
estanque," quiero saber más.

Grandma reads to us when she comes to visit.

Abuelita también nos lee cuando viene a visitar.

We read on a round, flowered pillow in the playroom, book after book.

Leemos sentados sobre una almohada redonda de tela floreada en el cuarto de juegos, libro tras libro.

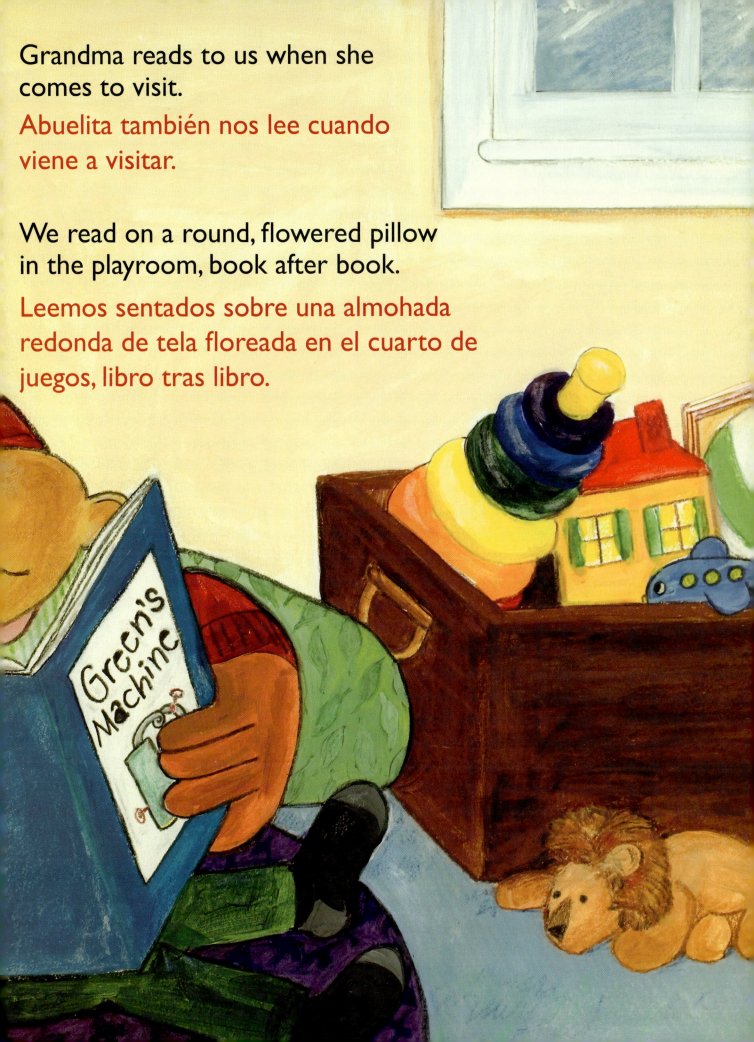

I like it when Grandma reads stories with silly sounds.
I laugh when she reads...

Me gusta cuando mi Abuelita lee cuentos haciendo
ruidos divertidos. Me río cuando lee.…

Uncle reads to us, too.

He sits in his favorite striped chair and
we listen to book after book.

He reads the same book again and again.
I say, "I love this book," and Uncle says,
"I love it, too!"

Tío también nos lee.
Se sienta en su silla favorita a rayas
y le escuchamos leer libro tras libro.

Lee el mismo libro una y otra vez.
Le digo, "me gusta este libro," y Tío
dice, "¡a mí me gusta también!"

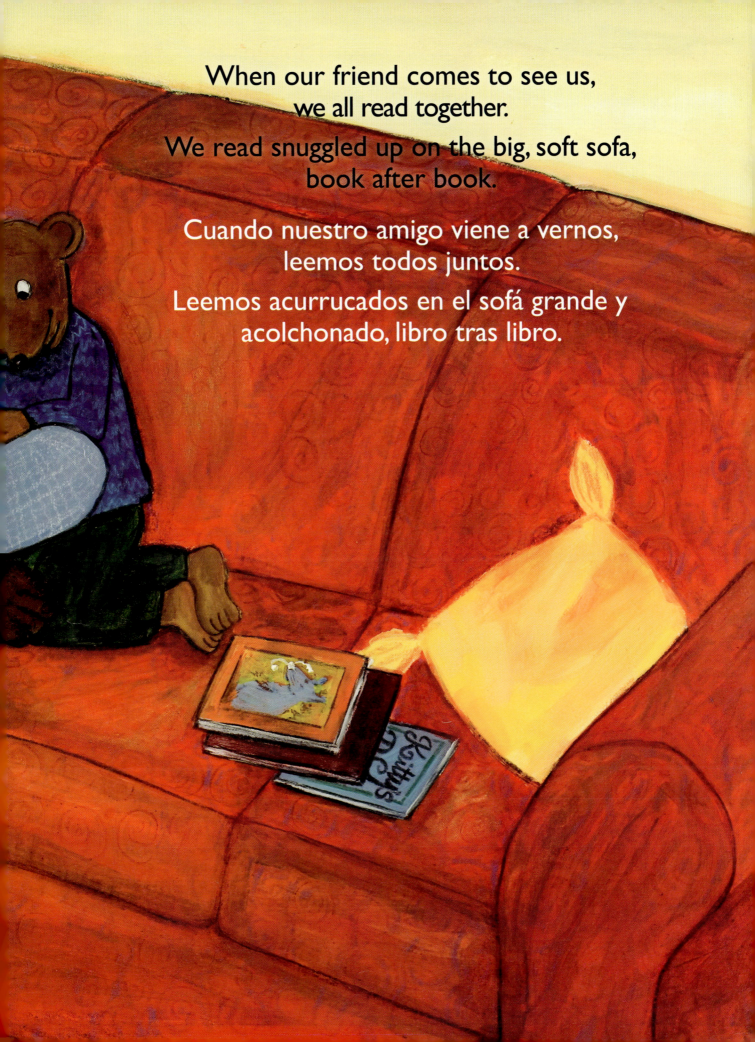

When our friend comes to see us,
we all read together.
We read snuggled up on the big, soft sofa,
book after book.

Cuando nuestro amigo viene a vernos,
leemos todos juntos.
Leemos acurrucados en el sofá grande y
acolchonado, libro tras libro.

Our friend says, "Let's guess what happens next."
"I think the butterflies are going to do a jungle dance," I tell her.

A beautiful red parrot glides high in the air over the rushing river.

Un loro rojo muy bonito vuela en las alturas sobre el río caudaloso.

Nuestro amigo dice, "Vamos a adivinar que sucede después."
"Yo creo que las mariposas van hacer un
baile en la selva," le digo.

Down at the water, delicate yellow butterflies gather on a rock.
Abajo, en el agua, delicadas mariposas amarillas se en congregan en una roca.

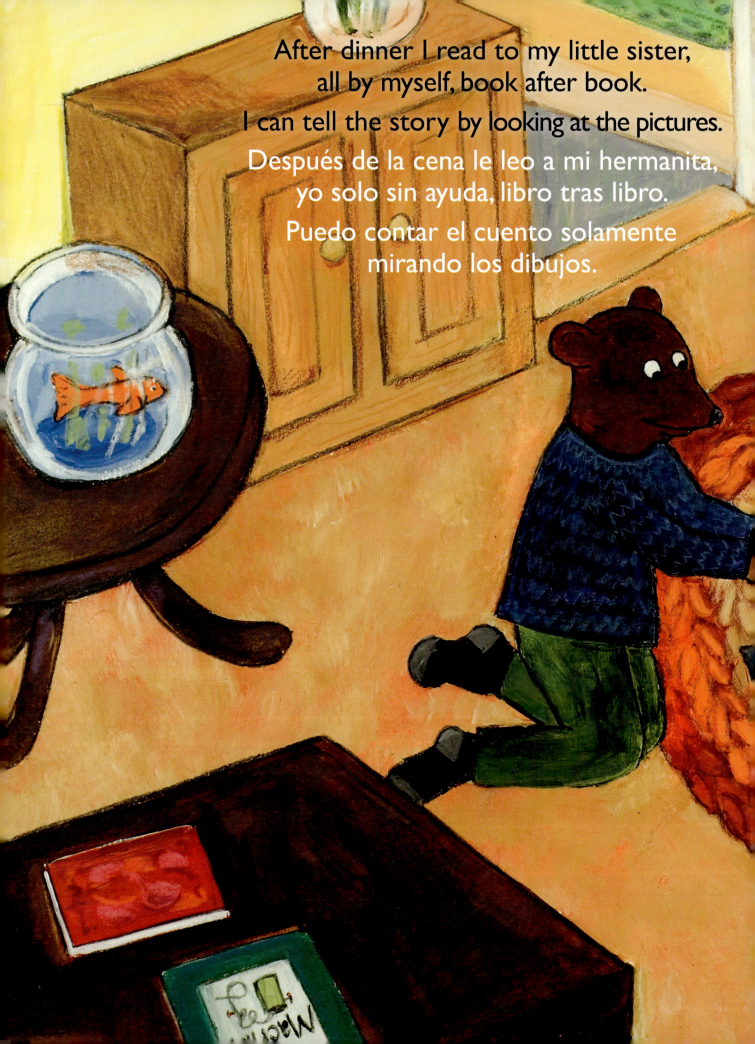

After dinner I read to my little sister,
all by myself, book after book.
I can tell the story by looking at the pictures.
Después de la cena le leo a mi hermanita,
yo solo sin ayuda, libro tras libro.
Puedo contar el cuento solamente
mirando los dibujos.

"Clap your hands like a seal,"
I say, and my sister and I both clap!

"¡Aplaude con tus manos como
una foca!" digo, y mi hermana
y yo aplaudimos.

My favorite time to hear a story
is at the end of the day.
El final del día es mi hora
favorita para oír un cuento.

We listen in our cozy beds, covers tucked up to our chins, book after book after book.

Escuchamos en nuestras cómodas camas, arropados hasta el cuello, libro tras libro tras libro.

"Good night, dear ones.
We'll read more books tomorrow."

"Buenas noches, queridos.
Mañana leeremos más libros."

Reading aloud is fun for you and your child when you remember to play.

Leer en alta voz es divertido para ti y tu niño siempre y cuando te acuerdes de jugar.

Wooo Wooo
¡Chuuu! ¡Chuuu!

Play with the words; read softer, louder, faster, s-l-o-w-e-r. Roar, whisper, laugh, or splutter.

Juegue con las palabras, lea en voz baja, en voz alta, rápidamente, l-e-n-t-a-m-e-n-t-e. Ruja, susurre, ría, chisporrotee.

Play with the pictures—play a game of I spy, I think, I guess, what's next?

Juegue con los dibujos—juegue con las letras y el lenguaje, a las adivinanzas, ¿qué pasará luego?

Play with your children; let them turn the pages, tell their stories, stop or start again.

Juegue con sus niños; deje que pasen las páginas, y también que hagan sus propios cuentos, haga pausas y comience de nuevo.

Read for fun every day!

¡Lea para divertirse todos los días!

Ideas to Help Raise a Child Who is... At Home with Books!

Make Reading and Talking Part of Your Everyday Family Life

- Begin sharing books with your child at birth… and never stop.
- Find times to read throughout the day (at breakfast? after a nap?)
- Tell stories that you remember from your childhood or a story you make up.
- Ask your child questions– "why," "how," or "what do you think?"
- Pack books to take along in the car, on the bus, or to appointments in case there's a wait.
- Play with words and language–make up silly rhymes or change a story's ending.
- Ask your child to retell the story in their own words or "read" to you by looking at the pictures.

Help Your Child Fall in Love with Books

- Make a special cozy place to snuggle up and read.
- Let your child choose the book, hold it, and turn the pages.
- Read your child's favorite book over and over if he or she asks.
- Make noises that are in the story and special voices for each character.
- Read books with rhyme or repeated phrases, pause before you finish a line, and let your child fill in the words.

Fill Your Home with Books and Reading Fun

- Visit the library often.
- Find books to keep for your child's collection at yard sales or trade books with friends.
- Keep books in small boxes or baskets in different parts of your home so there are always books close at hand for your child.
- Let your child see you read–books, newspapers, cookbooks, magazines.
- Make your own books with pictures that your child draws or cuts from magazines and add your child's words.

Start Family Reading Traditions

- Show your child that books are special by including books as gifts for birthdays, holidays, and special occasions.
- Welcome new babies with a special book and a note inside.
- Have special *At Home with Books* nights when screens are turned off and everyone reads!

¡Ideas Para Ayudar a Niños Para que se Sientan a Gusto con Libros en Su Hogar!

Haga de la Lectura y la Conversación Parte de la Rutina Diaria de la Familia

- Comience a compartir libros con su niño de recién nacido... y nunca deje de hacerlo.
- Dedique tiempo durante el día para leer (¿durante el desayuno? ¿después de una siesta?)
- Cuéntele cuentos que recuerde de su propia niñez o invéntese un cuento.
- Hagale preguntas a su niño, "¿Porqué? ¿cómo? o ¿qué piensas?"
- Lleve consigo libros en el carro, en el autobús, o cuando tenga una cita, por si tiene que esperar.
- Juegue con las palabras y el idioma, invéntese rimas, o cambie el final del cuento.
- Pídale a su niño que le repita el cuento con sus propias palabras, o que le lea el cuento mirando las ilustraciones o dibujos del libro.

Ayude a Su Niño a que se Enamore de los Libros

- Elija un sitio acogedor y especial para acurrucarse a leer.
- Deje que su niño escoja el libro, y que lo sostenga y pase las páginas.
- Lea el libro favorito de su niño, una y otra vez si lo pide.
- Haga los ruidos o sonidos que estén en el cuento y use voces especiales para cada personaje.
- Lea libros de rimas o con frases repetidas, haga pausa antes de terminar las oraciones y permita que su niño las complete.

Llene Su Hogar de Libros y Diviértanse Leyendo

- Visite la biblioteca a menudo.
- Encuentre libros para la colección de su niño en ventas de objetos de segunda mano o intercambiando libros con amigos.
- Guarde los libros en cajas pequeñas o cestos en diferentes partes de su casa y siempre habrán libros a mano para su niño.
- Haga que su niño le vea leyendo libros, periódicos, libros de cocina y revistas.
- Haga sus propios libros con imágenes que su niño dibuje o corte de revistas y añada las palabras de su niño.

Comience una Tradición de Leer en su Familia

- Demuéstrele a su niño que los libros son algo especial regalando libros en cumpleaños, días feriados y en ocasiones especiales.
- De la bienvenida a los recién nacidos con un libro especial y una nota dentro del libro.
- Elija una noche especial para gozar sus libros, cuando las pantallas electrónicas estén apagadas y todos lean.